偉大なる「師弟」の道

Josei Toda
Story

戸田城聖

20世紀は、なにより「戦争の世紀」であり、「紛争の世紀」であった。
人類は2度にわたる世界大戦を経験した。
にもかかわらず、世界各地の紛争はあとを絶たない。

20世紀の初頭、牧口常三郎は「軍事的競争」「経済的競争」から「人道的競争の時代」へと、人類の行くべき方向を鋭く説いた。
世紀半ば、弟子・戸田城聖は「地球民族主義」を掲げ、核兵器廃絶を叫んだ。

いま、二人の師の遺訓を胸に、21世紀を真に「人間の世紀」にと、池田SGI会長が進めてきた仏法のヒューマニズムを基調とした文化・教育・平和の歩みが、大きく世界に広がろうとしている。

幸福のために

「序・破・急」の旋律のごとく時を経るごとに光彩をます、
三代の師弟に連綿と続く、平和への意志と、民衆救済の想い。
それは、先師からのバトンを次代に繋《つな》いだ
戸田城聖の弟子への薫陶がなくてはありえなかった。

そして、師の心をわが心とした弟子・池田SGI会長の
師弟不二の闘いが、20世紀から21世紀へと、師弟に脈打つ、
慈悲と平和の〝創価の心〟を新たな時代精神へと高めてきた。

その大いなる転換への因をつくった戸田城聖――。
「この地球上から悲惨の二字をなくしたい」との烈々たる決意で、
民衆の幸福のために生涯を賭した足跡をたどる。

プロローグ

人類の平和と

目次

取材・文／鳥飼新市　装幀／森坂芳友（デザインスタジオ サウスベンド）
写真／Seikyo Shimbun

「地球民族主義」を掲げ
核兵器廃絶を叫び
人類の行くべき方向を鋭く説いた

Josei Toda
Story

城　聖

エピソードでつづる〇歳～五八歳

戸田

１９００(明治33)年２月11日、
戸田城聖は石川県江沼郡塩屋村で生まれた。
北前船の仲買商を営む父・甚七、母・すえの七男坊だった。
本名、甚一。彼は「城外」「城聖」と、
生涯に何度か名のりを変える。
やがて一家は、ニシン漁でにぎわう
北海道での再起を期し、厚田に移った。
甚一、２歳。この厚田が、彼の終生の故郷となった。
小学校時代、数年にわたるニシンの不漁が続いた。
首席で尋常高等小学校を卒業した甚一は、
家計を助けるために進学を断念、
札幌の雑貨問屋「小六商店」に丁稚《でっち》奉公に出た。
苦闘の青春のはじまりだった。

青春

○歳〜二○歳

1900年〜1920年

Josei Toda
Story

「ナポレオン」と呼ばれて

甚一は、痩《や》せて、ひょろっと背の高い少年だった。友だちの遊びの誘いも断わって、よく読書をした。いつも本を手に持ち、海の見える自分の勉強部屋で、快い風が吹く厚田の丘で、時間があればむさぼるように読んだ。そんな甚一を友だちは「ヤセの釣り竿《ざお》」とはやしたてた。

囲炉裏《いろり》端で、父が幼いころから聞かせてくれた古今東西の英雄譚《たん》が、読書の扉を開いたのだった。

ある日、授業で、先生がナポレオンの話をした。甚一は、「ちょっと違います」と手をあげた。彼の読書好きを知っていた先生は、「それじゃ、戸田、話してみれ」と、席を譲った。

甚一が滔々《とうとう》と面白くナポレオンの生涯を語る姿を見て、クラスの仲間は目を見張った。以来、みんなは尊敬の念を込めて、甚一を「ナポレオン」と呼ぶようになった。

小六商店での苦学

高等小学校を卒業した甚一は、長兄・藤蔵の元で商人修業をし、翌年、15歳の夏に、藤蔵のすすめで札幌の小六商店に5年の年季奉公に出た。

店で扱う履物や文房具などの雑貨が汽車で運ばれてくると、荷車を引き、駅まで受け取りに行く。忙しい日には何往復もした。今度は、その商品を、小売店に運ぶのだ。それが済むと、地方の取引先への荷造りと発送が待っていた。

朝早くから深夜まで、身を粉《こ》にして働いた。少しでも時間があけば、体を横にしたくなる。だが、甚一はその合間も本を読み、仲間が寝静まってからも勉学に取り組んだ。それを支えていたのは、天下有為《てんかうい》の人材たろうとする溢《あふ》れるばかりの情熱と、自分の人生をかけるにたる〝何か〟をつかみたいという志だった。

そのころの日記には、こうある。

「桜の如く咲き桃の如く実を結ぶ。……あたら散ってたまるか、桃の如く実を結ばずして」――1917（大正6）年2月23日

甚一は、教員資格試験を目指していた。苦学の青年が、向学の志を果たす手段としては、その道の他なかったからだ。そうして甚一は、17歳で、見事、小学校准訓導の資格試験に合格する。しかし、勉学の無理がたたり、ある朝、荷車を引く雪道で倒れるのだ。以後、数カ月の入院、療養生活を送ることになった。

黒い詰め襟の〝一張羅〟先生

甚一は、闘病の入院費用を小六商店から借りていた。その借金の返済のために、長姉・ツネ夫婦がいる夕張炭鉱で働くことを決意する。しばらく若鍋坑販売所の事務員として働いていると、周囲の配慮で、夕張の奥・真谷地《まやち》尋常小学校に代用教員として奉職できることになった。全校児童数400人ほどの、山奥の小さな学校だった。

1918（大正7）年、思わぬ展開で教壇に立った甚一は、教師としての天性を発見する。

子どもたちは、すぐ甚一になつき、彼のまわりを群れ歩いた。話題が豊富で、話術の巧みな甚一は、魔法をかけたように子どもの心を一瞬にしてつかみ、彼らに自信とやる気をもたせるのだった。

甚一の話を夢中になって聞く子どもたちは、授業の終業の振鈴《しんれい》がなってでも彼の側をはなれなかった。

月給は16円。そのうちの10円を借金の返済にあてていた。苦しい自炊生活の中では、金銭的余裕はなかった。服は、黒い詰め襟が一着だけ。その一張羅が、甚一先生のトレードマークだった。

文部大臣への建白書

真谷地でも、甚一の向学心は衰えなかった。夜、宿舎で勉学を重ね、小学校正訓導の資格試験を受け、その年の12月に合格している。

甚一は、この1年の教員生活で実感した教育現場の問題点を下敷きに考えた教育改革の建白書を、時の文部大臣に送ったのだった。だが、おそらく大臣の元には届かなかっただろうといわれている。

その建白書には、教員の待遇改善、実力ある校長を養成するために校長試験の設置の必要性など、具体的な制度改革が語られている。不思議にも、その視点は、後に発刊される牧口常三郎著の『創価教育学体系』の「第4編　教育改造論」に通じるものだった。

卒業式を前に真谷地を去る

ひとり暮らしの甚一の宿舎は、まるで私塾のようだった。

甚一は、開けっぴろげで、気さく、そのうえ文部大臣に建白書を出すほどの熱血漢でもあった。その魅力は、子どもたちばかりではなく、ヤマ（炭鉱）の青年たちにも伝わり、彼の宿舎は夜中まで議論や笑い声が絶えなかった。なかでも、仲間の副将格だった川瀬蒼天という青年とは、毎晩のように熱っぽく歴史や政治の話をしていた。

1919（大正8）年初夏のある日、川瀬は甚一に東京に出ることを打ち明けた。川瀬の上京は、甚一にあせりを与えた。この山奥に青年の志を燃やすべきものはあるのだろうか。その反問が、胸から去らない。

雄飛の思いはやみがたく、戸田は冬休みを利用して上京する。上級学校への進学と、生活の方途を定めるためだった。戸田はさまざまな人を訪ねた。生涯の師となる牧口常三郎と出会ったのも、そのときのことである。

そうして翌年2月末、真谷地小学校での年度のすべての授業を終えた日。卒業式を待たず、子どもたちにも知らせず、甚一は、ただひとり静かに真谷地を去った。東京に向かうためであった。教え子たちへの惜別の思いにもまして、胸にたぎる青雲の志が勝った。戸田甚一、20歳の大いなる決断だった。

1920(大正9)年3月初旬、
戸田甚一は上野駅に着いた。
友人・川瀬の早稲田鶴巻町の下宿に転がりこんだ。
戸田は、この下宿を足場に、
さまざまな人物に会い、意見を問うた。
いまの日本をどう考えるのか。
これからの日本の進路はどうあるべきか……。
戸田は、自分の生涯をかけるにたる
人生の師と哲学を求めていたのだ。

師弟
二〇歳〜二八歳
1920年〜1928年

母からもらった〝アツシ〟

風のように真谷地を去った戸田は、東京に行く前に両親にあいさつをするため、厚田に立ちよった。老いた両親と、一晩、懐かしいわが家の囲炉裏端で語らった。

何カ月にもおよぶ真剣な思索の末、東京で自分の人生を賭けてみようと決めた息子に、父は、

「征《ゆ》け！　勇気をもってな」

と、伝家の日本刀を差し出した。

母は、夜なべをして、一針一針縫いあげた〝アツシ（綿入りの半纏《はんてん》）〟を贈った。

「行っておいで。元気で……」

戸田は、父からは勇気を、そして母からは愛をもらったと感じた。そのふたつの真心を胸に、雪の舞う厚田を後にした。

どんな劣等生も優等生に……

上京後も、戸田はさまざまな人を訪ねている。母方の遠縁にあたる海軍中将を訪ねたときのことだ。高級軍人の妻の目からは、戸田の身なりは、あまりにもみすぼらしかったのだろう。かかわりあいを避けるような態度をみせた。戸田は、そのときの屈辱感を後年、こう語っている。人を身なりで判断するようなことは、絶対にしてはならない、と。

そうしたなかで、戸田の胸に残した印象が大きくなっていったのが、西町尋常小学校の校長を務めていた牧口常三郎だった。

牧口は、北海道から上京してきた一青年の話に静かに耳を傾けてくれた。戸田は、自分の教育に対する考えや意見を、あふれるように話した。そして、思わず、こう口に出していた。

「先生、私をぜひ採用してください。私は、どんな劣等生でも、かならず優等生にしてみせます」

牧口は、言った。

「君の才能は成功すれば素晴らしく成功し、失敗すれば、大いなる敗残者になるであろう」

戸田は、その後、牧口のはからいで、西町小の臨時代用教員に採用されることになった。

人生の師のもとで

戸田は、牧口の三笠尋常小学校への配転の後も、三笠小の代用教員に採用された。

牧口の子どもたちに接する姿を間近に見、さらに『人生地理学』『教授の統合中心としての郷土科研究』などの牧口の著作を読むにつれ、戸田の牧口に対する心服は深まっていったのだった。

それが、ますます自身の向学心を刺激した。１９２２（大正11）年2月、戸田は、大学への登竜門のひとつである旧制高等学校入学資格試験に合格した。そして、その春、牧口の白金《しろかね》尋常小学校への転勤を機に教員を辞した。

大学に進む学費を稼ぎだすために、また恋愛中の浦田ツタと結婚するためにも、お金が必要だった。戸田が、渋谷の道玄坂で露天商をしたり、生命保険会社の外交をしたりするのは、このころだ。

人生の師を得た戸田は、結婚も成就させ、中央大学経済学部にも通うようになる。彼の青春が最も輝いた時期だった。

時習学館の誕生

戸田に補習教育の塾をやるようにすすめたのは、牧口だった。牧口は戸田の教育に対する情熱や才能を惜しんでいたのだ。白金小学校にもほど近い、目黒の幼稚園の一室を借りる話もつけてくれた。

戸田は、生命保険の外交のかたわら塾経営をはじめることになった。

1923（大正12）年9月1日。関東地方をマグニチュード7・9の激震が襲った。

戸田は、大震災の後、保険の外交を辞め、本格的に塾経営に力を入れることにした。翌24（大正13）年、目黒駅近くの空き地を借りて、木造の新校舎を建てた。時習学館である。

この当時、戸田は「城外」という名を使っている。その名には、城の外にあって師を護るという決意が込められていた。

「犬をあげよう。好きな人はもっていきなさい」と、黒板に〝犬〟という字を書いて、子どもたちの意表を突きながら抽象的な記号の本質をわからせた有名な〝犬の授業〟。このように、戸田は、時習学館で、ときに牧口に相談しながら自由で独創的な教育を行っていった。

その授業は子どもたちにも評判で、「昼の学校よりも、夜の学校のほうが面白い」と、塾の人気はあがり、生徒は増える一方だった。この時習学館が、戸田の事業の中核となっていくのである。

時習学館で戸田の子どもたちを見る目は常にやさしかった。子どものよい面を積極的にほめた。団子鼻を気に病んでいた女の子には、「君の鼻はとっても可愛いね」と自信をもたせた。経済的に苦しい子どもには、その子に内緒で授業料免除の特待生にしたりした。

いろいろ実験的な試みもした。時習学館を改築する資金を得るために国債ならぬ〝館債〟を発行したり、中学受験の公開模擬試験を行ったりと、彼は希代のアイデアマンでもあったのだ。

愛する娘と妻の死

時習学館の運営はすこぶる好調だった。だが、私生活では、戸田を大きな不幸が襲った。

１９２４（大正13）年に長女を結核で亡くすのだ。１歳だった。一晩、泣きながら娘の遺骸を抱いて寝た。そして、26（大正15）年には、妻のツタも結核で死ぬ。それは戸田に深い悲しみと人生の不条理を感じさせた。

後年、戸田は、愛娘の死の悲しみを、

「そのときぐらい世の中に悲しいことはなかったのです」「そこで、もし自分の妻が死んだら……と私は泣きました。その妻も死にました。……今度はもう一歩つっこんで、ぼく自身が死んだらどうしようと考えたら、私はからだがふるえてしまいました」

と、語っている。

その妻子との別れの辛さと、死に対する恐怖が、一時、戸田をキリスト教の研究に向かわせたときもあった。しかし、そこからは何も得ることはできなかった。

多くの学童が入学難、
試験地獄にあえいでいた大正末から昭和初期。
戸田の「時習学館」は、独特の教育法が子どもたちに人気だった。
後年、卒業生たちは「いわゆる詰め込み教育ではなく、
もっと学びたい、もっと知りたい気持ちにさせてくれる
楽しい学び舎《や》だった」と一様に懐かしむ。
何事も自分の頭で考え解決法を見つけ出す。
その探究心、挑戦心を触発する、子どもたちとの情熱あふれる
人間的ふれあい、そして研究工夫された教授法は、
牧口の唱える創価教育の実践でもあった。

１９２８（昭和３）年から１９２９年にかけて、
戸田のその後の人生にとって大きな転換点が訪れる。
ひとつは、師・牧口常三郎の仏法への帰依《きえ》である。
そして、もうひとつは、牧口が、
長年の教員経験のなかで温めてきた
独自の教育観を理論的に体系づけようと
真剣に考えはじめたことだ。
戸田は、人生の師と決めた牧口に従い、
自らも日蓮仏法に帰依し、
さらには牧口教育学の確立に尽力する。
１９２８（昭和３）年はまた、後年、戸田の志を継ぐ
弟子・池田大作ＳＧＩ会長が、
東京の大森で産声をあげた年でもあった。

創立

二八歳〜四一歳

1928年〜1941年

日蓮仏法との出合い

牧口常三郎と仏法の出合いをつくったのは、同じ教育者であり目白商業学校の校長である三谷素啓《みたにそけい》だった。

牧口は、それまでもキリスト教をはじめ禅や国柱会的日蓮主義（国家主義に迎合した日蓮主義）などの宗教と接する機会があった。だが、そうした宗教に帰依するまでは至らなかった。それは、「何《いず》れも科学及び哲学の趣味を転じせしめ、又はそれと調和するほどの力あるものと感ずる能はなかったから」だと述べている。

しかし、三谷を通じて知った法華経（日蓮仏法）は違っていた。「法華経に逢い奉るに至っては、吾々《われわれ》の日常生活の基礎をなす科学、哲学の原理にして何等《なんら》の矛盾がないこと」を感じたという。

それは、法華経では、信仰の対象が人格的な神や仏ではなく、すべての人の〝仏の生命を開く法〟であったからだ。

牧口は、1928(昭和3)年6月に日蓮仏法の求道と実践の道へ踏み出す。ほどなく、戸田も、牧口に従い仏法に帰依した。

『創価教育学体系』の発刊を

1930(昭和5)年2月のある夜、牧口は、目黒の戸田の家を訪ねた。日本の教育を刷新するためにも、また後世の教育者に指針を残すためにも、自分が一小学校長として長年にわたって温めてきた教育理論を体系化し、発表したいという相談を戸田にしたのだ。ふたりの語らいは、夜中の12時を過ぎても終わらなかった。

戸田は、牧口の深い思いを聞き、師の学説の体系は、自分が出版しようと決意した。

「よし、先生、やりましょう。先生の教育学は、何が目的ですか」

と、戸田がきく。

「価値を創造することだ」

牧口は、即座に答えた。すると、

「では先生、創価教育と決めましょう」

弟子も、打てば響くように反応した。

牧口の教育学説は『創価教育学』と名付けられることになった。

牧口は、その独創的な自分の理論を、時にふれ、折にふれ、広告紙の裏やメモ用紙に書き留めていた。

戸田は、牧口と話し合いながら、その膨大なメモを整理し、原稿としてまとめる作業に入った。

重複する内容はハサミで切ってのぞき、1枚1枚、戸田の8畳の部屋いっぱいにメモを並べていくと、それは見事に1巻の原稿になるのだった。

こうして原稿の整理が行われた『創価教育学体系』は、まさにふたりの師弟の心をひとつにした労作だったといえる。

〝受験の神様〟という異名

戸田の経営する時習学館は、これまでも牧口の提唱する教育理論の実践の場としての働きをしていた。

『創価教育学体系』の原稿整理の作業を進める一方で、戸田は、私財を投げ打って出版の準備にあたった。その出版資金をつくる手だてのひとつとして、時習学館で使ってきた算数のテキストのプリントを1冊にまとめてみることを思いついた。それが、1930(昭和5)年6月に出版された戸田城外著の『推理式指導算術』である。

受験参考書として、この本は、当時、百万部を超えるベストセラーになり、戸田は〝受験の神様〟という異名をとることになった。

創価教育学会創立

『創価教育学体系』の第1巻が発刊されたのは、同30（昭和5）年11月18日だった。巻末の奥付には、発行所として「創価教育学会」の名を世に出した。この11月18日が、牧口と戸田のふたりによる創価教育学会の創立の日になった。

やがて、教育改革の志を同じくする教員を中心に会員も増えていった。

創価教育学は、牧口が樹立した「美・利・善」という独自の価値論を根本に、子どもたち一人ひとりに、その人生の価値（幸福）を自ら勝ち取れる力をつけることを目的に体系化された理論だった。

牧口は、法華経と出合い、日蓮仏法を実践するなかで、人生の価値を創造する真の力は仏法の真髄を説き明かした法華経のなかにあると確信する。

その確信は、牧口に、単に教育改革にとどまらず、社会の変革の根幹となる宗教運動の必要性を痛感させていく。

牧口は、法華経と創価教育について、述べている。

「創価教育学の思想体系の根底が、法華経の肝心にある（略）その法によらざれば真の教育改良は不可能である」と。

結核に打ち勝つ深夜の祈り

そのころ戸田の体は、娘と妻の命を奪った結核に蝕《むしば》まれていた。深夜、戸田は、ひとり真剣な祈りをしながら、病魔と対決していた。

西野辰吉著『戸田城聖伝』には、こんな証言が紹介されている。

知人が、ある夜、時習学館を訪ね、二階に昇ると、仏壇の前にうつぶして、戸田が喀血《かっけつ》していたというのだ。

あわてて背中をさすり、医者を呼ぼうとすると、戸田がとめた。

「医者はやめてくれ。オレが治ることができるのは、これなんだ」

と、仏壇を指差した。

1935（昭和10）年、戸田は松尾幾と再婚する。そのときには喀血したことなど嘘のように、少しずつ戸田の体は肥《ふと》りはじめていた。

創価教育学会は、翌36（昭和11）年、会の目的に「（教育の徹底的革新の）根底たる宗教革命の断行」を、はっきりと掲げる。

人間精神の無限の可能性を開くカギが仏法にあることを宣言したのである。その宗教運動の中心拠点となったのが戸田の時習学館であった。

いつ果てるともしれない
泥沼化した中国大陸での戦線。
新たな活路を求めて、日本は南方に戦火を拡大し、
1941(昭和16)年12月にはアメリカ、
英国に対して宣戦を布告した。
戦争を遂行するために、時の軍部政府は
国内の物資の統制はもとより、
思想・宗教の統制を強化した。
国家神道で思想統一を計ろうとしたのだ。
その国策の一つとして伊勢神宮の〝神札〟を
祀《まつ》るよう国民に強制した。
牧口は、自らの宗教的信念から、それに強く対決した。
創価教育学会への国家権力の弾圧の口火は、
こうして切られたのだった。

弾圧
四一歳〜四三歳
1941年〜1943年

座談会の推進

創価教育学会の運動は、教育変革から、社会変革を目指す宗教運動へと、その重点を移していった。１９３９（昭和14）年12月に行われた総会では、教育者だけでなく実業家など幅広い人びとが集まった。

そして、その翌４０（昭和15）年10月20日に行われた総会では、宗教を根幹とした生活改善運動を会の目的に掲げた。この日、それまで空席であった会長に牧口常三郎、理事長に戸田城聖が就任する。

牧口は、個人の幸福・利益だけを追求する「小善」の生活ではなく、自他ともの最大幸福を目指していく「大善生活」の重要性を説いた。さらに、それを実現していくには法華経に依《よ》る以外にないとし、本格的な仏法流布の運動を先頭に立って展開する。

牧口が仏法流布のために最も重視したのは、少人数の座談会だった。毎週火曜日と金曜日を面接指導の日にし、残りの時間は都内各地で開かれる座談会の出席にあてた。北海道をはじめ、九州、長野、茨城、福島など、地方指導や地方への弘教にも積極的に赴《おもむ》いた。

座談会では、身近な事柄に例をとり、誰にもわかるように仏法の真髄と、その実践によって得られる生活の革新への希望を、自らの価値論にあてはめて語った。

牧口は、41（昭和16）年7月に月刊の機関紙『価値創造』を発行するようになってからは、ますます仏法流布への情熱をたぎらせた。

すでに70歳になっていた牧口が、軍部政府に逮捕されるまでの2年間に出席した座談会は240回を超えるといわれる。

事業の拡大

創価教育学会の理事長として、また牧口の弟子として、戸田は、師である牧口の活動を全力で支え続けていた。創価教育学会の経済的基盤を盤石なものにするために、事業の拡大にも力を入れていった。

戸田は、1929（昭和4）年、時習学館の出版部門として城文堂という出版社を設立し『推理式指導算術』や『推理式読方指導』などを出版していた。34（昭和9）年に、その城文堂を拡大発展させ、日本小学館株式会社を設立し翌年には印刷工場を傘下に入れた。

さらには、大道書房という別会社をつくり大衆小説の出版をはじめ、神田に日本商手という手形取引きにかかわる短期金融の会社も起こした。やがて、戸田は、小さいながらも証券会社を持ち、その傘下に17社の企業を擁する事業家となっていく。

国家諫暁の獅子吼

ますます戦火が拡大していくなか、時の軍部政府は、思想・宗教統一政策の一貫として各宗派の統合を打ち出した。

その権力の手先となり、日蓮宗各派の合同に暗躍したのが、日蓮正宗の僧・小笠原慈聞だった。彼は、神本仏迹論という国家神道に迎合する教義を立て、国家権力をかさに宗門に身延との合同を迫っていた。

1941（昭和16）年3月10日、日蓮正宗の本山・大石寺で僧俗護法会議が開かれ、戸田は牧口とともに出席した。その席上、牧口は、合同を迫る小笠原一派に対し、軍部政府の宗教政策に迎合することなく、日蓮大聖人の仏法の正法正義を貫くよう主張した。

合同はさけられたが、宗門は、翌42（昭和17）年には、檀信徒《だんしんと》に宮城遥拝《きゅうじょうようはい》とともに伊勢神宮の遥拝を通告するまでになっていく。宗門は、大聖人の正法正義よりも、弾圧を免れようと戦争協力に傾斜していったのだ。

1943（昭和18）年6月、宗門は、牧口、戸田を本山に呼び、創価教育学会に対して神札受諾勧告を下した。牧口は、

「神札は絶対に受けません」

と、その勧告を拒否し、翌日再び本山に赴き、当時の法主《ほっす》・日恭《にっきょう》に、「いまこそ国家諫暁の秋《とき》である！」と直諫する。だが、それは容れられなかった。

本山からの帰途、牧口の烈々とした確信、覚悟に、戸田も師とともに戦うことを誓う。やがて学会への弾圧がはじまると、宗門は学会幹部を登山禁止処分にしたのだった。

「弁士中止！」の官憲の声

そのころすでに、創価教育学会の座談会は特高警察の監視の下で行われるようになっていた。

牧口の話が神札や国家体制のことに及ぶと、「弁士！　中止」「中止！」の声が飛ぶ。牧口は、そのたびに話をそらし、また神札のことに話を戻した。すると、再び「中止！」の声がするのだった。

官憲により、何度中断されようとも、牧口は、国家神道を崇拝することの非を訴えるのをやめなかった。

治安維持法違反と不敬罪

１９４３（昭和18）年7月4日、官憲の厳しい監視下にもかかわらず、牧口は伊豆に赴き、蓮台寺の旅館の一室で座談会を開いていた。一週間前には、学会の幹部数人が、淀橋署に検挙されていた。自分の身にも司直《しちょく》の手が伸びていることを感じながらの折伏行だった。

翌5日は、下田で座談会を行い、夜、須崎の知人宅に折伏に向かった。同家で一泊し、翌6日、朝食が終わったころ、刑事が牧口に面会を求めにやってきた。そして、そのまま下田署に連行されたのだ。

ときに、牧口常三郎、72歳。逮捕の容疑は、治安維持法違反、および不敬罪だった。

翌朝、下田署で、牧口は、同行していた会員が釈放される別れぎわ、

「戸田君によろしく……」

という一言を残した。だが、その戸田も、同じ日、自宅で逮捕されていたのだ。

獄中の戸田にとって、
３畳ほどの広さの独房が世界のすべてだった。
家族との面会もゆるされず、
手紙が唯一の外界との交流の手段だった。
気がかりなのは、高齢の牧口の体のことだけだ。
しかし、牧口の獄中の様子は
戸田の家族からの手紙でもつまびらかにはわからない。
ただ戸田にできたことは、
「先生が早くここから出られますように」と
祈ることだけだ。
その祈りの深化のなかで、戸田は、
本来の自分の使命を強く自覚する。

悟達

四三歳〜四五歳

1943年〜1945年

牧口常三郎との別れ

自宅で逮捕された戸田は、高輪署に連行されていた。留置されてから3日目、刑事から「牧口は下田でつかまえたよ」と聞かされた。その瞬間、戸田は眼光鋭く刑事を見た。

「学会のことは牧口先生も、ほかの幹部も知りはしない。理事長の僕が全部きりまわしていたんだ」

戸田は、高齢の牧口の体が心配だった。だが、戸田の訴えは聞き入れられるはずもなかった。

しばらくして戸田は警視庁に移送される。警視庁の留置所内で、一度、牧口の姿を目にすることができた。そして、牧口が警視庁から東京拘置所に移送される日に、ほんの短時間、言葉を交わす機会が与えられた。

「先生……お体を大切に……」

と、いうのが精いっぱいだった。これが、牧口との別れになった。

やがて戸田も、東京拘置所に移された。3畳ほどの部屋での独房生活がはじまった。気になることは、牧口の体のこと、17社にも及ぶ自分の事業、そして家族や学会の同志たちのことだ。

戸田は、部屋の点検にくる看守を二人まで折伏し、同志の情勢を聞く努力をしたという。

獄中生活での工夫

獄中の生活は、朝7時の起床からはじまる。香りのない薄い色のついた熱いお茶が丼鉢に入れられて、一斉に配られる。お茶を飲むと、部屋の掃除にかかる。その間に、看守による各部屋の点検があった。

8時になると、朝食が運ばれてくる。麦6分と米4分の握り飯に一杯の味噌汁がついた。戦争が激しくなるにつれて、握り飯の麦は大豆へ、さらにはコウリャンに変わっていった。

午後は3時ごろ、15分の運動に出される。消灯は夜の9時だ。風呂は月に4、5回、燃料の節約のため入浴は5分と決められていた。

戸田は、不自由な獄中生活を、少しでも楽しいものにしようと、工夫をした。配給の朝食をやめ、60銭の差し入れ弁当と牛乳を飲むことにした。その牛乳ビンのフタを集めて数珠《じゅず》もつくった。

季節を感じるために、ときおりやってくる盆栽売りから四季おりおりの盆栽を買い、水をやった。

楽しみは10日に1回の手紙を書ける日と、本の貸し出しを申し込める日だった。読書は、独房でのなによりの娯楽だった。

戸田は、独房には8冊しか置けないと決められていた本を、看守長に頼んで特別に16冊置けるように計らってもらった。

仏とは生命それ自体だ!

不思議なことに、独房の戸田が貸し出しを希望すると、本を間違えられたのか『日蓮宗聖典』が届けられた。

その本は、前のほうが漢文のままの法華経で、後のほうに大聖人の御遺文が並べられていた。

返しても、また戸田の元に届く。いったいこれはどういうことなのか。看守の作意でも、偶然でもないと感じた戸田は、法華経を研究しろという暗示なのかもしれないと思った。

翌1944(昭和19)年の元朝、戸田は1日1万遍の唱題と、法華経の身読を自分に課した。

「よし読もう！　読み切ってみせる！」

しかし、何度読み返しても、無量義経の一節でひっかかる。「其の身は有に非ず亦無に非ず、因に非ず……」と、34の否定が続く「其の身」、それが仏の実体を指しているらしいことはわかる。

では、その仏とはいったい何なのだろうか――。

3月のある日、渾身《こんしん》の思索を続けた戸田の脳裏に「生命」という言葉がひらめいた。戸田は、「あっ」と息をのんだ。

仏とは、生命のことなんだ！

生命の表現なんだ！

その瞬間、法華経が現代に蘇《よみがえ》ったのだった。

僕の一生は決まった

仏とは、生命それ自体のことだと覚知してから、戸田には法華経の文々句々がまるで手にとるように理解できるようになった。

しかし、釈尊は28品の法華経を通して何を説き明かしたかったのだろう、という根本的な疑問が解けなかった。

「法華経の真理を知りたい」

戸田は、悶《もだ》えるような思いで、唱題を続け、何度も法華経を読み、大聖人の御遺文を読み返していった。季節のうつろいも、壊滅に瀕《ひん》している事業のことも、もう戸田の念頭にはなかった。

そして、唱題が180万遍を超えようとした11月、従地涌出品《じゅうじゆじゅっぽん》での法華経の会座《えざ》に、まさに自分も地涌の菩薩のひとりとしていたことを悟った。

法華経とは、民衆救済のために末法での仏法流布を託した〝授記〟の書だったのだ。

「僕の一生は決まった！　この尊い法華経を流布して、生涯を終わるのだ！」

戸田は、高らかに叫んだ。

11月18日、牧口は拘置所の病監で静かに息を引き取っていた。享年73。戸田が、牧口の死を知らされたのは、翌45（昭和20）年の1月のことだった。

「あなたの慈悲の広大無辺は、
私を牢獄まで連れていってくださいました。
そのおかげで……法華経の意味を、
かすかながら身読することができました」

勝算《しょうさん》のない、日本の無謀な戦争は、
１９４５（昭和20）年8月15日、
連合国への全面降伏を受け入れ終焉した。
敗戦に先立つ7月3日、
戸田は、豊多摩刑務所（後の中野刑務所）を
保釈で出獄していた。
空襲で、一面焼け野原になってしまった
東京の土を踏みしめながら、一国の、
厳然たる総罰の現象を目のあたりにした。
仏法流布という自らの深き使命に、
一人立った瞬間だった。

再建

四五歳〜四七歳

1945年〜1947年

Josei Toda Story

城聖という名のり

2年におよぶ獄中生活は、戸田に、極度の栄養失調と視力の低下を残した。だが、戸田は消耗しきった体力の回復を待つのももどかしく、出獄の翌日から、牧口が命をかけ、自分が残りの生涯をかけようと決意した学会の再建に乗り出した。

その第一歩は、戦時の投獄で無に帰してしまった事業の立て直しだった。新たな宗教革命の波を起こすにも、それを支える経済的基盤が必要だ。経済の確立に価値のひとつを置いた牧口の弟子らしく、戸田は、あせらずジックリと仏法流布の布石を打っていく決意でいた。

戸田は「城聖」と名のりを変えた。それは、獄中で熟慮《じゅくりょ》の末に決めた名前だった。

数学と物象の「通信教授」

1945（昭和20）年8月20日に、戸田は品川区上大崎に「日本正学館」の仮事務所を開設した。新しい事業のスタートを切るため、出獄以来、戦争の終結を、満を持す思いで待っていたのだった。

戦争で学びの場も、機会も、向学の心までも奪われていた子どもたちの乾ききった頭脳に学問を送ろうと、戸田は中学生を対象にした数学と物象（物理）の「通信教授」を企画していた。

8月23日の朝日新聞に、通信教授の広告を出した。その紙面で唯一の広告だった。数学と物象の主要問題を解説し、月1回の添削試験を行う。期間は6カ月。費用は25円と書かれていた。広告の反響は日を追って現れてきた。事務所に届けられる申し込みの手紙のたばが日ごとに増えていった。

戸田は、時代が求めているものを鋭く読み取りながら、事業を上昇気流に乗せていった。敗戦から2カ月後には、出版界の一等地である西神田に進出し、3階建ての建物を事務所にした。英語の通信講座も開設し、大衆小説などの出版事業にも力を入れはじめた。

獅子は伴侶を求めず

牧口常三郎の一周忌法要が営まれたのは、1945（昭和20）年11月18日のことだった。場所は、中野の日蓮正宗寺院・歓喜寮である。

読経・唱題、焼香のあと、列席者のあいさつが続いた。彼らは戦時中に検挙され、拘置所送りになると、苛酷な取り調べに節を折って釈放になった、かつての幹部たちだった。

牧口の偉大さを語り、戦中の弾圧への憤りを語るのだが、恩師の遺志を継ぎ学会再建の決意を語るものはいなかった。

最後にあいさつに立った戸田は、

「話に聞いていた地涌の菩薩は、どこにいるのでもない、実に、われわれなのであります。私はこの自覚に立って、今はっきり叫ぶものであります。広宣流布（仏法流布）は、誰がやらなくても、この戸田が必ずいたします」

と、深い決意を語った。しかし、その決意に共鳴し、共に立とうとする者はいなかった。

法要が終わると、参会者は、一人、また一人と去っていった。

最後に会場を後にした戸田は、晩秋の冷気の中で、〝獅子は伴侶を求めず〟という言葉を胸に浮かべた。誰がやらなくても仏法流布に一人立つ！　と、決意を新たにしたのだった。

法華経講義

戸田は、翌46（昭和21）年元旦から、創価教育学会員で経済人グループの仲間だった3人を相手に法華経講義をはじめた。それを学会再建の手はじめにしようと考えたのだ。獄中で、その真髄を悟達した戸田の法華経講義は、目を見張るほど斬新《ざんしん》で説得力のあるものだった。

この第1期の法華経講義が終了した3月、戸田は、創価教育学会の名称を「創価学会」に改め、日本正学館の2階を本部にする。6月には、機関紙『価値創造』を復刊した。

そのころ、戸田の出獄と法華経講義の噂を聞き知り、何人かの若い牧口門下生が戸田の元に集うようになった。戸田は、彼らを相手に第2期の法華経講義を開始する。

こうして彼の法華経講義は、1950（昭和25）年8月の第10期の終了まで、受講メンバーを替えて続けられていく。それは、投獄されて退転していった幹部の姿に、日蓮仏法の根本精神を生命に刻んでいない信仰がいかにもろいかを知らされたからでもあった。

広布に続く一筋の道

戦後の創価学会の再建は、戸田の講義を受講した若い牧口門下生たちが中心となって都内各地で座談会を開くところからはじまった。戸田は、そうした会場をまわり、地道ながらも、着実に仏法流布の歩を踏み出していった。

その波紋は、確実に地方にも広がっていた。地方在住の同志たちも、地元で座談会の開催を企画するようになっていたのだ。

そうしたなか、戸田は、1946（昭和21）年9月、2泊3日の日程で、栃木、群馬への戦後初の地方指導に赴いた。同行は6人。地方への買い出し客で超満員の列車に立ちづめの行程だった。

「なかなかの難行苦行だよ」

戸田は、生活費をきりつめて同行している同志たちを思いやりながら、ユーモアを忘れなかった。このとき地方指導に参加した全員が、いまの自分たちの行動は小さな一歩かもしれないが、やがては広布（仏法流布）につながる一筋の確かな道であると確信していた。

「大革命をやるのだ。武力や権力でやる革命ではない。人間革命という無血革命をやるのだ。これが本当の革命なのだ」

１９４７（昭和22）年8月14日。
蒲田のある会員宅での座談会で、戸田は、
不思議と心をひかれる青年と出会った。
池田と名のった青年は、そのとき１９歳だった。
それは戸田が牧口と出会ったときと同じ年頃だ。
やがて仏法に帰依した池田青年は、
戸田が経営する出版社で働くようになる。
戸田の事業が暗転するなか、青年の孤軍奮闘が続く。
戸田を人生の師匠と定めた
青年の〝師弟不二〟の闘いへの第一歩だった。

不二

四七歳～五〇歳

1947年～1950年

われ地より湧きいでんとす

戸田は、週のうち月、水、金の3日を法華経の講義にあて、残りの曜日は各地で開かれている座談会に出席していた。

戦前の牧口の座談会と違い、価値論からはじめるのではなく、戸田は真っ向から日蓮仏法の核心となる生命論を語っていった。

1947（昭和22）年8月14日。蒲田のある会員の家で、戸田が『立正安国論』の講義をしているとき、何人かの若者がその会場に誘われてきた。講義の後、それぞれ紹介があった。そのなかの一人、池田という青年に、戸田はなにか懐かしいものを感じた。ふと、

「池田君は、いくつになったね」

と、聞いた。

「19歳です」

「そうか、僕もね、19歳のときには東京に出てきたんだよ」

すると、その青年が「先生、教えていただきたいことがあるのですが……」

と、3つの質問をした。

「正しい人生とは何か」「本当の愛国者とは」「天皇をどう考えるか」

真剣に質問をするこの初対面の青年に、戸田も真剣な答えを返した。

戸田の誠実な態度に何かを感じた青年は、突然、立ち上がり、即興の詩を語りだした。

「旅人よ／いづこより来たり／いづこへいかんとするか／……われ　地より湧きいでんとするか」

戸田と、池田との、運命的な師弟の出会いだった。

弟子となる決意

出会いの日から10日後の24日、池田青年は仏法をたもつ決意をした。

それから、1年が過ぎようとしていた。青年は、依然として貧しい生活と結核に苦しんでいた。

第7期の法華経講義の受講生だった。講義を聞くと、戸田の偉大さと、創価学会の目的の崇高さが、よくわかった。彼にとって、不世出の師としての戸田城聖の存在が、ますます大きくなっていく。

それだけに、彼の心には、ひとつの逡巡《しゅんじゅん》が生まれていたのだ。

戸田に人生をかけて、はたして自分は弟子の道を貫けるのだろうか。それは労苦の多い、困難な道に違いない。青年は、仏法流布に全生涯を託すまでの決心がつかなかったのだ。夜、微熱のある体を畳に横たえていると、さまざまな思いが頭を駆け巡るのだった。

しかしその逡巡も、戸田の講義を聞き続けるなかで消えていった。ある日の講義のあと、青年は日記に、こう記した。

「……革命は死なり。われらの死は、妙法への帰命なり……」

青年の心は、定まった。彼にとっての「妙法への帰命」とは、そのまま「戸田城聖への帰命」ということにほかならなかった。

若き編集長として

1949(昭和24)年1月3日、青年は、日本正学館の社員となり初出勤した。戸田のもとで全力を尽くす決意をしたのだった。

日本正学館では、前年から少年雑誌の『冒険少年』を発行していた。また、同じく戸田が経営する日正書房では小説なども出版していた。

池田は、『冒険少年』の編集部に配属になった。小さいころから新聞記者か雑誌記者になりたいという希望をもっていたこともあり、いきいきと働いた。

5月には編集長が異動して、彼が編集責任者になった。企画編集、原稿や挿絵の依頼と一切の責任を持った。ときには自ら原稿を書くこともあった。毎日、戸田に叱られながらも、子どもたちに夢と希望を与えられる誌面づくりをしようと、全精力を傾けていた。

しかし、戦後の急激なインフレのなかで、戸田の事業も思わしくなくなってきた。大手出版社の雑誌の復刊もあいつぎ、日本正学館発行の雑誌は苦戦を強いられた。

9月、雑誌『ルビー』が休刊し、『冒険少年』は『少年日本』と改題して誌面刷新をはかった。だが、10月、『少年日本』も休刊するにいたるのだった。

師弟不二の苦闘

戸田は、ついに出版事業を断念し、専務理事をしている信用組合の一本にしぼり、事業の経営を安定させようとした。しかし、その信用組合も暗礁《あんしょう》に乗り上げる。残ったのは多額の債務だけとなった。

行く末に不安をいだいた社員たちは次々に戸田を見限っていった。苦境の戸田を、若き弟子・池田青年は、一人支え続けた。それは、牧口常三郎の活動を支え続けた戦前の戸田の姿と見事に重なりあう。

1950（昭和25）年11月には、戸田は、学会に事業の破たんの批判が及ばぬよう理事長の座を引いた。弟子は給料ももらえず、オーバーもない冬を過ごすことになった。アパートでたくあんだけの夜食をとり、熱にうなされて目が覚める。来る日も来る日も、戸田と一体となって、逆境を乗り越えるために走りに走った。
ある夜、池田は会社で、戸田への気持ちを託した一首の和歌を渡した。
「古《いにしえ》の奇《く》しき縁《えにし》に　仕へしを
　人は変れど　われは変らじ」
戸田は、その場で返歌をしたのだ。
「幾度か　戦《いく》さの庭に　起《た》てる身の
　捨てず持つは　君の太刀《たち》ぞよ」
「色は褪《あ》せ　力は抜《ぬ》けし　吾《わ》が王者
　死すとも残すは　君が冠《かんむり》」
師と弟子の間には、分かつことのできない強い絆《きずな》が結ばれていた。

数々の苦難を乗り越えた戸田は、
1951（昭和26）年5月3日、
創価学会第二代会長に就任する。
仏法流布のために、その身をすべて使い切ることに、
もう迷いはなかった。
一点の曇りもない晴れ晴れとした決意で式に臨んだ。
そして、大車輪のごとき本格的な
広布（仏法流布）推進への活動を開始するのだった。
その猛烈なエンジンは、
おのずと新たな日本の民衆運動を
形づくっていくことになった。

就任

五〇歳〜五二歳

1950年〜1952年

Josei Toda Story

本山での深夜の祈り

1950(昭和25)年10月末、戸田は本山にいた。深夜、宝蔵の前の石畳の上に端座し、ひとり静かに唱題をはじめた。

彼の心中には、深い反省の思いが渦巻いていた。ひとつは、戦後、仏法の研さんを法華経講義からはじめたことだ。自分では大聖人の仏法を語っていたつもりが、いつの間にか天台流の臭味を与えていたことに思いいたった。

さらに、会長就任を避け、まず事業の再建に精をだしたことだ。それは、仏法流布の大業も経済的基盤がなければと考えてのことだった。だが、そのことで、出獄から今日まで、不幸にあえぐ民衆を多くの新教団の手にゆだねてしまった。その罪は、万死にあたいする――。

戸田は、渾身《こんしん》の祈りを込め、わが罪を心から懺悔《ざんげ》した。深夜の祈りは、朝のしじまの時間まで続いた。戸田の脳裏を去来するのは、戦前、牧口がよく口にしていた「学会は発迹顕本しなければならぬ」という言葉だった。

発迹顕本とは、仏が権《かり》の姿を開いて本地《ほんち》（真実の姿）を顕《あらわ》すことをいう。それは、学会に当てはめれば、末法に正法を弘めるという根本的自覚に立つことといえるのではないだろうか。

「戸田大学」と『聖教新聞』の創刊

その日以降、戸田は、本格的な仏法流布の戦いへの手を矢継ぎ早に打っていった。戸田は、池田をはじめ信頼すべき数人を選び、日曜日に自宅で御書講義を中心に特別訓練をはじめていた。学会の未来にわたる構想、仏法流布への強い使命を自覚させるためであった。

さらに、当時通っていた大世学院の政経科の夜学を断念し、戸田の事業を支え、ひたすら苦闘している池田のために個人教授もはじめていくのである。それは、政治、経済、法律、自然科学など、万般の学問に及んだ。

その個人授業は、戸田が新事業をはじめてからは、毎朝、一時間ほど、池田を中心とする青年たちを相手に続けられていった。池田は、それを後に「戸田大学」と呼び、師への尽きぬ報恩の思いを語っている。

「きょうは何の本を読んだか」「いま何を読んでいるか」……学び、思索せよとの戸田の問いかけが、若き池田への大きな励ましとなったのである。

翌51（昭和26）年の2月に入ると、戸田をもっとも苦しめ、窮地に立たせていた信用組合の問題に、解決へのきざしが見えはじめた。

3月末には、戸田は、組織をより活性化するために支部の体制を整備し、仏法流布の機関紙『聖教新聞』の発刊にも着手した。乏しい資金の中ながら、4月20日には、『聖教新聞』の第1号を世に出した。発行部数は5000部。

戸田は、その創刊号から、妙悟空の筆名で小説『人間革命』を連載した。

75万世帯達成の誓願

その間、戸田会長推戴の機運が、潮のごとく学会内に広がっていた。「戸田会長推戴賛意署名簿」が各支部でまわされていたのだ。署名簿に名を連ねたのは、3000人余。この同志たちの熱い心に支えられ、戸田は会長に就任する。1951（昭和26）年5月3日の会長就任式での戸田に、もう逡巡はなかった。彼は会長就任にあたり、ひとつの誓願をたて、会員たちに宣言した。自分の生存中に75万世帯の達成ができなければ、葬式はしなくてもよい、と。

『御書全集』の発刊

75万世帯の達成という願業とともに、戸田には、もうひとつの課題があった。

日蓮大聖人の御書全集の発刊である。

それをなんとしても、翌52（昭和27）年4月の立宗700年の祝典までに成し遂げたい。その強い決意で編さん作業を開始する。

決定版ともいえる御書の発刊は、正当な仏法を正しく後世に残す意味でも、仏法流布のための理念、思想闘争のためにも、どうしても必要なことだった。

大聖人の論文や消息文をすべて網羅《もうら》するとなると、そのページ数は膨大になることが予想された。まだ戦後の物資不足が続くなか、紙の調達ひとつとっても、それは困難な事業といわざるをえなかった。

しかし、戸田は、当代随一の碩学《せきがく》といわれた学僧・堀日亨《にちこう》が存命のいまを逃しては時を失うと、全力をあげて、この事業に打ちこんだ。

そして、見事、宗旨建立700年のその日に、御書発刊をみたのだった。

戸田が自分のいのちよりも大切にしたものが
創価学会の組織だった。
仏法流布は、自らの使命に目覚めた
一人ひとりの民衆の自発的な行動によってでしか
なしえないものであることを、
戸田は、誰よりも知っていたからだ。
そして、その自発性を触発する〝電源〟こそ、
創価学会の組織以外にありえなかった。
戸田は、この未来にわたる仏法流布の組織を
盤石なものにするために、
青年の育成になにより力を入れた。
ときに厳しく、ときに優しく、
ヒナ鳥を慈《いつく》しむ親鳥のように、青年の成長を願った。

育成

五二歳〜五五歳

1952年〜1955年

Josei Toda
Story

愛弟子の獅子奮迅

会長就任式で、仏法流布への戸田の決意にふれた当時の会員にとって、75万世帯という数字は信じ難いものだった。

しかし、戸田の仏法流布にかける強烈な一念は、7年後の死の直前に、それを実現させたのである。仏法によって、宿命に泣く人生から希望の人生へと転換したひとりの喜びが、次のひとりの心を動かし、さらにまた次のひとりにと繋《つな》がっていく。

信仰の喜びと使命の連鎖が、75万世帯を達成させたのだ。

その陰には、師の誓願をわが使命とし、各地で、限界の壁を破る突破口を開いた愛弟子の獅子奮迅《ししふんじん》の闘いがあった。

戸田が、それまで戸田の事業の再建のため、独《ひと》り奮闘していた池田青年を第一線の陣列に送り出したのは、１９５２（昭和27）年1月のことだった。蒲田支部の支部幹事に任命したのだ。すでに組織の整備を終えていた戸田は、各支部の入会世帯数の低迷を、その月から突破しようとしていたのである。

弟子は、師の心を自らの信条として、支部内の一人ひとりの同志を励まし、それぞれの使命、目標を明確にしつつ、祈り、実践を重ねていった。

その結果、翌2月度の蒲田支部は、他の支部に倍する２０１世帯の成果をみた。それが、翌月から学会総体の前進に大きな弾みをつけていったのである。

使命と希望の指針「青年訓」

戸田は青年をこよなく愛した。そして、青年を限りなく鍛えた。

仏法流布の未来を展望したとき、何よりも必要なのは次の時代を担う後継の人材群だった。

一騎当千の人材を育てることこそ急務だと考えていた。

戸田は、会長就任の年の1951（昭和26）年、支部組織、婦人部、青年部の組織を、まず整えた。そして、その年の9月28日、未来を託す青年たちへ明確な使命と未来への希望を与える指針として「青年訓」を発表する。

「新しき世紀を創るものは、青年の熱と力である」

という有名な一節からはじまる、400字詰め原稿用紙にして約4枚半の原稿であった。

それは、ただちに印刷され、手にした青年たちの心を大きな感動でつつみ、宗教革命の使命の風を巻き起こしていったのである。

水滸会、華陽会の発足

戸田が最もきらったのは、青年の甘えと、いいかげんな姿勢だった。そんなとき、戸田は烈火のごとく怒った。それは、戸田が会長就任後、青年たちを薫育するために開始した男子部の「水滸会」が、途中で一度解散させられていることでもわかる。

水滸会とは、男子部の代表メンバーを対象に、戸田を囲んで、中国の古典『水滸伝』を読み合い、歴史観、革命論、指導者論など、新しい時代を開くリーダーとしての資質を鍛え、磨く、人材育成の場であった。

しかし、その途中で、メンバーの中から興味本位、傍観者的な態度の者が出てしまったのである。

自分たちの惰性に流された姿勢を猛反省したメンバーたちは、青年部の室長となっていた池田を中心に、もう一度、水滸会の発足を願い出た。こうして新生「水滸会」は、43人のメンバーで、1953(昭和28)年7月21日に発足した。戸田は、『三国志』『永遠の都』などを教材にして、月に2回、真剣な育成を行った。

同じく女子部の人材育成グループ「華陽会」も、52（昭和27）年10月の結成以来続けられてきた。

戸田は、青年とともにいることがなにより楽しかった。ときには野外研修も実施し、深夜まで大自然の中で青年たちと語りあった。

戸田が、仏法の鋭い視点、また仏法流布への強い使命感から、世界の平和、社会の繁栄はもとより、一人ひとりの生活、人生の悩みにいたるまで縦横に語った指導は、青年たちの生命に焼きついていった。


「青年は、望みが大きすぎるくらいで、ちょうどよいのだ。初めから、望みが、小さいようでは、なにもできないで終わる」

宗教は、個人の幸福のみならず、
社会の平和と繁栄を築くものでなければならない
という牧口の宗教観は、
そのまま戸田の宗教観にほかならなかった。
仏法を根底にした戸田の社会変革への実践は、
必然的に既存の勢力を脅《おびや》かす存在となっていく。
創価学会の拡大とともに、
その前進をはばもうと立ちはだかる権力の魔手。
しかし、戸田は一歩も引かなかった。
その陰には矢面に立って戦い、
師を守り抜こうとする若き弟子の姿があった。

闘争

五五歳〜五七歳

1955年〜1957年

社会貢献の人材を輩出

仏法流布は、仏法の生命尊厳観に立つヒューマニズムを根幹に社会のさまざまな分野に変革をもたらす運動になるはずである。

戸田は、その未来への構想の一環として民主主義の世の中にあって、真に民衆の側に立ち、その声を政治に反映していく、社会貢献の人材を輩出していくのが、学会の使命のひとつだと考えつつあった。

その第一歩として、1955（昭和30）年4月に行われた統一地方選挙に、全国38地域で学会推薦の候補者50数人を擁立《ようりつ》する。はじめてのことで、戸惑いや不慣れもあったが、各地の学会員の懸命な支援で、見事53人の地方議員を誕生させたのである。

戸田は、熟慮のすえ、翌56（昭和31）年7月に行われる参議院選挙にも、

5人の候補者を立てることを決意する。全国区が3人（後に1人追加）、そして東京と大阪の地方区での立候補を決めた。なかでも、大阪地方区に候補者を立てることには、みな驚きを隠せなかった。当時、大阪の学会の世帯数は、客観的に見れば参議院選挙を闘うには不可能な数字だといえた。

しかし、戸田は、その闘いの指揮を、掌中の珠ともいうべき弟子・池田室長にとらせようと思っていた。〝大作なら、やるにちがいない〟という期待と信頼を抱いていたのだ。

不滅の1万1111世帯

55（昭和30）年秋、戸田からその意向を聞かされた池田は、悩み、ひとり深く祈るなかで思索し続けた。師が、未来の道を開くため、「やるのだ」と決めたこの戦いに、どう勝利していくのか――。一念に億劫《おくごう》の辛労を尽くす思索が極まったとき、彼の脳裏に「法華経とは将軍学なり」という言葉が浮かんだ。

〝仏法への強い「信」を根本にする以外に、策も、方法もない。大阪に、関西に、仏法流布への使命に燃える同志の輪を、幾重にも広げることだ〟

生命の底からそう思ったとき、弟子の心は秋の空のように澄み渡った。

彼は、56（昭和31）年の年頭から大阪に通い続ける。強い祈りを根本に、教学の研さん、そして折伏にと動き、語り、最前線を駆けめぐった。その率先の姿に大阪の同志たちは奮起していった。

1月、2月、3月と月を経るごとに入会の世帯数が増え、5月には、1万1111世帯という未曾有の弘教を実らせた。その勢いが、大阪地方区の白木義一郎候補の奇跡的ともいえる当選を実現させたのだった。その結果を、ある新聞は「まさかが実現」と報じた。

この選挙で、学会から3人の国会議員が生まれた。それは、学会が社会的にも確かな影響力を持ちはじめたことを示すものでもあった。

炭労の卑劣な圧力

明けて57（昭和32）年。各地の炭鉱で、炭労（日本炭鉱労働組合）からの学会員に対するゆえなき圧力が表面化しはじめた。

いわゆる「炭労問題」である。

北海道最大の炭労組織を誇った夕張炭鉱は、学会への嵐が吹き荒れた代表的な地域だった。夕張炭労の組合員は1万7000人。前年の参議院選挙では、夕張市内で学会推薦の全国区候補に2500票が投じられた。

炭労は、〝創価学会に炭労票が取られた〟と受け止めた。

職場や生活の場である炭住での嫌がらせがはじまった。抑圧は、やがて「学会をやめるか、組合をやめるか」と、組合幹部が迫るところまでエスカレートしていった。ユニオンショップ制をとる炭鉱では、組合をやめることは、そのまま炭鉱での仕事を失うことを意味していた。5月末には、炭労は全国大会で学会員の締め出しを決議するまでにいたる。戸田は、逐次、炭労の動きの報告を受け、炭鉱に住む同志たちの状況に心を痛めていた。なかでも幼い子どもたちまでが差別の対象になっていることに身を切られる思いがした。

戸田は、青年部の室長の池田をはじめとした幹部たちを現地に派遣し、場合によっては炭労との全面対決を辞さない方針を固めた。戸田は、労働運動が、信仰の自由に干渉するという、思い上がった姿に憤りを感じていたのだった。

弟子の投獄──大阪事件

急速な創価学会の発展は、しだいに国家権力との摩擦をも生むようになった。

1957（昭和32）年4月に行われた参議院大阪地方区補欠選挙。一部の会員の中から選挙違反者を出してしまった。それが、権力の創価学会に対する介入の、またとない口実をつくることになった。

権力の魔手は、その選挙で創価学会推薦候補の支援の中心者として指揮をとっていた池田室長に、伸びたのだった。買収と戸別訪問の教唆《きょうさ》容疑で、大阪府警への出頭命令が出たのだ。

池田が、それを受け取ったのは、北海道の地でだった。そのとき彼は、炭労からのいわれなき抑圧を跳ね返すべく、夕張の同志を守り、勝利するための闘いを進めている最中だった。

7月2日、炭労問題の勝利宣言ともいうべき夕張大会を成功させ、翌3日、弟子は札幌から空路、大阪に向かった。飛行機は、途中、羽田で乗り継ぐ。

戸田は、羽田で、弟子を待っていた。出来上がったばかりの自身の小説『人間革命』（妙悟空著）を渡し、「もしも、お前が死ぬようなことになったら、私も、すぐに駆けつけて、お前の上にうつぶして一緒に死ぬからな」と、弟子の体を抱きしめて言葉をかけた。

7月3日、弟子は大阪府警に出頭し、公職選挙法違反容疑で逮捕された。その日は、奇しくも戸田が出獄した日でもあった。

7月8日から、池田の身柄は、大阪拘置所に移された。

弟子の勾留は15日間に及んだ。

戸田は、弁護士と連携をとりながら、弟子の釈放のためにあらゆる手を打った。「代われるものなら、私が代わってやりたい。牢獄の辛さは入ったものでないとわからないんだ」と声を震わせるのだった。

池田は、裁判で真実を証明することを心に決め、17日正午過ぎに出所した。その決意どおり、弟子は無実の判決を勝ち取った。しかし、それには、さらに4年半もの歳月を要したのだった。

相次ぐ権力との闘いは、戸田の体力を消耗させていった。
しかし戸田は、仏法流布への指揮を
ひとときたりとも疎《おろそ》かにはしなかった。
１９５７（昭和32）年、年末。
会長就任から７年という短期間で、
生涯の願業である会員75万世帯を達成する。
戸田は自分の使命をすべて果たしたという
充足感を感じるとともに、
自らの生命の長くないことも自覚していた。
残された時間にやらねばならないことは、
仏法流布の大願を後継に託すことだけだった。
５８（昭和33）年３月１６日の〝広布の記念式典〟こそ、
後継にバトンを託す儀式にほかならなかった。

後継

五七歳〜五八歳

1957年〜1958年

核廃絶、恒久平和への叫び

横浜・三ツ沢競技場での「若人の祭典」前夜、戸田は、明日の天気を心配しながら、ひとり思索を巡らせていた。

東西冷戦の渦中で激化の一途をたどっている核開発競争――。彼は、その大会で、原水爆の禁止を自身の「第一の遺訓」として、後継の青年たちに託そうとしていたのだった。

時代は、〝核の傘の下の平和〟という、抜き差しならない状況に突入している。戸田は、深夜の思索のなかで、それを「悪魔の迷路」だと看破した。

互いに核兵器をもつことで、戦争できなくなるという〝核抑止論〟は、人間の恐怖の均衡の上に成り立ったものである。それは互いに際限のない核軍拡競争という悪循環を生まざるをえない。彼は核兵器が人類にとって〝運命的な最終兵器〟になることを憂えていた。

1957(昭和32)年9月8日。台風一過の晴天の下、横浜・三ツ沢競技場で「若人の祭典」は盛大に開催され、席上、歴史に残る戸田の「原水爆禁止宣言」が行われた。

この宣言で、戸田は、原水爆は、人間の生存の権利を脅かす絶対悪であり、それを使用するものは「奪命者《だつみょうしゃ》」を意味する「魔」であり、「サタン」であると断じて、核保有を正当化する論理を、仏法の根元的視点から明確に批判したのである。

彼の未来に対する責任感は、核を批判するだけにとどまらず、恒久平和への思想を世界に広めゆく使命を、自らの遺言として後継の青年たちに託したことにあった。

永遠の三指針

57（昭和32）年11月20日。戸田は、広島への指導に旅立つ予定だった。朝。「さァ、行くか」と立ち上がったとき、膝から崩れるように倒れた。思えば、出獄以来、獄中で痛めつけられた自分の体を顧みることなく、全国を駆けめぐり仏法流布に走ってきた。しかもここにきて、炭労問題、大阪事件と、心身の休まらない大きな問題に対処しなければならなかった。

診断は、重篤な肝硬変症だった。主治医からは「絶対安静」をいい渡された。75万世帯の達成が、もう見えるところまできていた。戸田は、魔が競い起こるのは当然のことだと思っていた。

12月下旬、戸田は病床で、学会の世帯数が75万世帯を突破したという報告を受けた。願業成就の満足感と喜びが心の底から込み上げてくるのを感じた。

戸田は、愛する同志の永遠の幸福のために残しておくべき指針を思索し続けた。そして、そのメモを、暮れに行われる本部幹部会の席上、75万世帯達成と同時に発表してくれるように託したのだ。

一、一家和楽の信心

一、各人が幸福をつかむ信心

一、難を乗り越える信心

いまも生きる「永遠の三指針」である。

その死——広布後継の儀式

明けて58（昭和33）年、戸田の体調は、奇跡的に回復していく。

この年3月に予定されていた、大石寺の本門大講堂落慶法要に、なんとしても出席するとの、彼の強い祈りが病魔に打ち勝ったのである。

そして、2月11日の誕生日には、首脳幹部を招いて快気祝いを行った。その前日の10日朝のこと。戸田の自宅に、関西指導の報告に、池田が訪ねてきた。報告に耳を傾けながら、戸田は、池田に言った。

「日本の広宣流布の基盤は整った。あと7年で、どこまでやるかだ」

「急がねばならんのだよ。あと7年で300万世帯までやれるか?」

命の時間の長からぬことを覚っていた戸田の言葉は、弟子・池田青年への遺言ともなった。

3月。大石寺は、大講堂落慶総登山にわいていた。

戸田は、病魔に打ち勝ち、塔頭《たっちゅう》の宿坊・理境坊でその指揮をとっていた。しかし、体の衰弱は激しかった。彼は、自分の死期の近いことをも自覚していた。

そこに、突然、時の首相から、16日に大石寺に参詣したいとの連絡が入った。瞬間、戸田は、16日に青年部を結集させ、その日に将来のため〝広布の模擬試験〟、すなわち〝広宣流布の予行演習ともなる式典〟をしておこうと決めた。

当日、首相は「急用」という理由で参加を断わってきた。一宗教団体の式典に出席することに、側近から横やりが入ったのだった。

戸田には、もう首相の出欠など、どうでもよかった。

バスや夜行列車などに分乗した6000人の青年たちは、未明の大石寺に全国から次々と駆けつけた。

居並ぶ青年たちの間を、戸田は、弟子が用意した車駕《しゃが》に乗って進んだ。

大講堂のバルコニーから、青年たちを前に、彼は叫んだ。

「われわれには広宣流布を断じてなさねばならぬ使命がある。それを今日、私は君たち青年に託しておきたい。頼むぞ！」

そして、「創価学会は宗教界の王者であります」と勝利宣言をした。

その戸田の生命からの叫びは、雷鳴のように、6000人の青年たちの心を打った。

戸田の死は、その日から2週間後に訪れる。

4月2日午後6時30分、戸田は、家族に見守られて、眠るように息を引き取った。波瀾に満ちながらも、仏法を現代に息づかせた崇高な58年の生涯だった。

彼の没後、後継の青年たちは、池田を中心核として、師の遺志のままに全国へ、全世界へと、仏法流布の波を広げていくのである。

「卒《そつ》に将《しょう》たるは易《やす》く、将に将たるは難《かた》しだ。

しかし、学会の青年は、将に将たる器《うつわ》にならなければならない」

Josei Toda
Column
1

教育

世界に大きく広がる人間主義の源流〝創価教育〟

牧口常三郎の独創的な教育思想・創価教育学の原点は、一人の子どもへの限りない慈愛にあった。子どもが幸せになるために必要なことなら何でもしようという溢れんばかりの情熱と実践が、創価教育学の出発点であった。

北海道時代、アカギレで真っ赤な手の子どもがいれば、お湯で温めてやり、吹雪の日には幼い児童を背負って家まで送った。極貧地域にあった東京の三笠尋常小学校時代は、弁当を持ってこられない子どものために、身銭を切って食事を用意した。ときにバリカンで子どもたちの頭を刈り、宿舎内の風呂に入れてやりながらいろいろな話をした。

牧口は、校長室にいることは珍しく、自分でも授業を持ち、それ以外の時間も各教室を見まわって、子どもたちと直に接していた。

関東大震災のときには、白金小の子どもたちと一緒に、被災者救済のために、援助物資を満載した荷車を引いた。創価教育学は、そうした牧口の実践のなかで積み重ねられていった教育思想だった。牧口が目指したものは、子どもを、ひいては民衆を、賢く強くしていくことだった。

子どもたち一人ひとりが、自分自身の知恵を開発し、その知恵の力で自らが幸福をつかみ、自立していくことを望んだのだ。その意味で、牧口の教育思想は、最高の人間主義に貫かれていた。

子どもたちに「賢くなれ」「権威に卑屈に従うな」と叫ぶ牧口の教育思想は、革命的ですらあった。時代を先取りした牧口の教育思想と、その実践は、当然ながら当時の社会の中で容易に受け入れられず、それを快く思わない人も少なくなかった。そのため、いくどか故なき左遷を繰り返すことにもなった。その牧口を支え続けたのが戸田だった。

牧口は、戸田とふたりで、創価教育学会を起こす。創価教育学は、戸田の私塾・時習学館において実践されるしかなかったのだ。

牧口は、よく戸田に話していた。

「小学校から大学まで、私の構想する創価教育の学校をつくりたいな」

その構想を胸に描いたまま、時の軍国主義によって、牧口は獄死し、戸田も獄につながれた。

戦後、学会の再建に立ち上がった戸田は、仏法を根底において、牧口の人間主義の思想をより広く民衆の覚醒《かくせい》への方法論として展開した。

戸田が掲げたのは「人間革命」の実践だった。人間革命とは、一人ひとりの中に内在する「仏」という最高の創造的生命を引き出し、自己の宿命転換と社会の正しき繁栄を目指しながら、たゆまぬ前進を続ける自己変革への挑戦のことだ。まさにそれは、究極の人間教育でもあった。

戸田は、その人間革命を目指す人々を、創価学会という、お互いが啓発しあい、学びあい、成長しあっていく場に組織した。そのうねりは、戦後の日本にあって、「校舎なき大学校」として、数多くの賢明な民衆を育ててきたのである。

同時に、戸田は、恩師・牧口常三郎の遺志を、片時も忘れることはなかった。

牧口の教育思想を埋もれさせないために、その根幹になる『価値論』を英語で出版し、世界の大学に贈呈した。これが、やがて創価教育学の国際的な研究のすそ野を広げることにつながるのだ。

戸田は、事業の再起を目指して苦闘している最中も、「創価教育学の学校をつくりたい」という牧口の悲願を、自分の愛弟子に語っていた。

「大作、創価大学をつくろうな。私の健在のうちにできればいいが……そのときは、大作、頼むよ」

戸田の言葉は、希代の教育者を獄死させた国家への無念さに満ちていた。若き弟子は師の無念さを我が思いとして魂で受けとめた。

この誓いは、戸田の逝去のあと、10年ののちに実現される。二代にわたる師の悲願を達成しようとした弟子の強い一念の勝利の証だ。

東京・小平の地に創価中学・高校が開校したのは、1968（昭和43）年のことだった。そして、3年後、八王子の地に創価大学が開学する。戸田が「世界一の大学にしような」と、愛弟子に託した人間教育の最高学府である。それは、牧口生誕100周年の佳節であった。

その愛弟子である創立者・池田SGI会長は「建学の精神」を、「人間教育の最高学府たれ／新しき大文化建設の揺籃《ようらん》たれ／人類の平和を守るフォートレス（要塞《ようさい》）たれ」と、掲げた。

文化をつくるのも、平和な社会を担っていくのも、〝誰か〟ではなく、いまを生きる〝自分〟なのである。その一人ひとりの人間の魂に、価値創造の火を灯《とも》すこと。21世紀を、本当の意味で「人間の世紀」にしていくために、最も問われているのは、その〝人づくり〟にほかならない。

その思いが溢れる「建学の精神」は、未来にわたる多くの弟子に託された創立者の遺訓ともいえる。そして、戸田の生誕１０１年、21世紀の開幕の年でもある、２００１年に、カリフォルニア州オレンジ郡にアメリカ創価大学が開学された。

いま、社会貢献、人類貢献を担う、創価教育の共鳴の輪は、さらにブラジル、インド、韓国、マレーシア、香港など多くの国と地域に広がり、実践とその研究が進んでいる。

Josei Toda
Column
2

個人指導

戸田が生命を削って取り組んだ個人指導

戸田は、常に人びとの中に分け入り、それぞれが抱える悩みに耳を傾けた。そして心から励まし、指導し、仏法への強い確信を与えていった。それが数えきれない人々の心に生きる火を灯《とも》し、将来への希望になった。

会合や講義の後には必ず質問会を持ち、個別の悩みに誠実に答えるのだった。

学会本部・市ヶ谷分室の2階では、毎日のように昼過ぎから夕方5時ごろまで、会員の個人指導にあたっていた。

市ヶ谷分室は、狭い5坪ほどの部屋だった。

東向きの窓を背に、戸田の机が置かれていた。その前には、7、8脚のベンチのような木のイスが並べてあった。

戸田は机に座り、ワイシャツの腕を捲《まく》しあげると、一人ひとりに気さくに、

「どうした?」

と声をかけて、悩みを聞いていった。

この部屋には、本当にさまざまな悩みを抱えた人が訪れた。病気、借金、子どもの問題、夫の浮気、酒乱……。まるで庶民の悩みの博物館といっていいほどだった。

1951(昭和26)年に入会した墨田区のある壮年も、そんな一人だった。

彼は、玩具製造業を営んでいた。しかし、そのころ、事業に行き詰まっていたのだ。彼は、新しい玩具を考案するたびに、戸田に見せにきた。

戸田は、その玩具を手に「こりゃダメだよ」、「改良の余地ありだ」などと、いろいろ意見をいってくれた。一度、戸田が、

「これは売れる。頑張れ！」

と、手放しでほめてくれた玩具があった。

ブリキ製の洗濯機の玩具だ。それは戸田の言葉通り、日本はもとより、アメリカに輸出するほどの売れ行きをはくした。

その壮年は、用事がなくても、よく分室を訪ねた。部屋の隅で戸田の指導を聞いているのだ。

「たとえ他の人に対する先生の励ましや指導でも、それを聞いていると信仰に確信が持てるんです」

戸田の一言一言を忘れず、85歳を過ぎても、元気に地域を駆けまわっていた。

この壮年と同じように、市ヶ谷分室の隅で、戸田の指導のあり方を学ぶ第一線の幹部も多かったのだ。

自分の目の前の、逃げることのできない悩みを乗り越えたいと願う人々が、戸田には愛《いと》おしくてならなかった。

どの人にも「仏」の生命が内在している。しかし、それに気づかず、悲嘆の底にいる。

できれば、戸田は、その苦悩を肩代わりしてやりたかった。自分の内なる無限の力に確信を持ち、真に力強い生命を自ら湧き出させる方法を、全精魂を込めて説いた。それ以外に、すべての悩みを乗り越えさせる方法はないからだ。

子育てや夫婦関係で悩む人には、母親が変われば子どもが変わる、妻が変われば夫が変わると、悩みを乗り越えるカギが、結局は自分自身の人間革命にあることに気づくまで、こんこんと指導を続けた。

いわれなき差別に悩む人には、仏法の絶対的な平等性を納得できるまで説き、勇気と自信を与えた。病気に悩む人には、御本尊の功力を心から信じられるようになるまで言葉を尽くした。

ユーモアや絶妙なたとえ話を交えて話すのが、常だった。だが、自分の悩みに固く凝《こ》り固まったその人の生命を開くために、戸田は、ときに突き放すほどに厳しく叱りとばすこともあった。

戸田は、相手の生命の傾向性の本質を鋭く見抜いていたのだ。

個人指導は、その人を救わずにおくものかという、戸田の真剣勝負だった。指導が終わると、肩で息をするほどに疲れた。それは、まさに自分の生命を削る行為でもあったのだ。

一人の悩みを解決するために、戸田は見えないところでも心を配った。

脳性麻痺《まひ》の子どもに悩んで、何度も指導を受けにきた母親がいた。戸田は、母親の話を聞きながら、その子に絵本を買って与えたり、不自由な手をもって字を書くことまで教えた。

その子は、いつしか戸田の顔を見ると、大きな目を見開いてキャッキャと笑うようになった。生まれてからずっと無表情だったわが子の変化に、母親は心から希望を持った。

Josei Toda
Column
2

戸田にとっては、一人の人間が仏法の実践をするなかで、自らを変え、さまざまな不幸の宿命の壁を乗り越え、崩れることのない幸福な境涯になっていくことが、すべてだった。個人に芽生えた希望は、歓喜に変わり、信仰の確信を生む。その確信と喜びの体験を語り広げていく対話こそが、苦悩に沈む他者への共感を深め、民衆救済の輪を拡大させていくのだ。

仏法流布といっても、そうした一人ひとりの信仰への確信を築いていく、「励まし」以外に道はないことを、戸田は知っていた。「こんなに幸せになりました」との報告を聞くことほど、うれしいことはない、と戸田はつねづね語っていた。

一人の人を、どこまでも大切に――。この戸田の熱い思いこそ、いまも変わらない創価学会の原点になっている。

Josei Toda
Column
3

平和

平和こそ民衆の幸福と人権確立の豊穣なる大地

1952（昭和27）年2月17日。第1回男女合同青年部研究発表会が開かれた。

それは、部対抗で、各部代表二人が出場し、さまざまな現代思想の問題について討論するというものだった。戸田は、審査員の一人として、青年たちの熱の入った討議をにこやかに聞いていた。そして、最後の講評に立ったとき、

「私自身の思想をのべますならば、……結局は地球民族主義であります」

と、「地球民族主義」という聞き慣れない言葉をはじめて口にしたのだ。戸田は、心から戦争を憎み、世界平和を希求していた。戦争で最も苦しむのは、ほかならない庶民であったからだ。

「この地球上から悲惨の二字をなくしたい」

この強き一念で、戸田は、人類全体の未来を見据えていた。二度と戦争を起こさせてはならない。そのためには何が必要なのか。戸田は深い思索を続けていた。「地球民族主義」という思想は、そうした思索のなかで生まれた戸田の世界観だった。

戦争とは、国家と国家、民族と民族との抗争にほかならない。さらに、人類は、原水爆という、自らの滅亡につながりかねない大量殺戮《さつりく》兵器をもってしまった。その最終兵器もまた、国家に帰属しているのだ。ならば、国家、民族という壁を取りはらって、人類が〝地球民族〟という一体感に立たないかぎり戦争はなくすことはできないだろう。

戸田の「地球民族主義」は、共々に同じ地球に生きる〝人間〟であるという意識をもった「世界市民」創出への叫びにほかならなかった。

この世界市民の自覚は、生命の尊厳と、すべての人に仏界があるとする絶対的平等観に立つ仏法の必然的な帰結でもあった。そしてそれは、戸田の師・牧口常三郎がつねづね語っていたことでもある。

牧口は、若き時代の著作『人生地理学』において、すでに〝世界市民〟という視点を明確にしていた。牧口は、個人の生活を観察するだけで、人間は世界から孤立しては生きていけないことがわかると指摘している。洋服一つとっても、オーストラリアで刈り取られた羊毛がイギリスで織られ洋服地になり、日本で仕立てられる。このように、世界中の人々が支え合って個人の生活がある。

その観点から、牧口は、これから人類の目指すべき時代は「軍事的競争」「政治的競争」「経済的競争」を超えて、「人道的競争の時代」になっていかなければならないと考えるのだった。

人類一人ひとりが、お互いを認め合い、人権を守り、生活の質を高めていく方向で知恵を出し合うような時代の到来を願ったのだ。

後年、日蓮仏法に出合ってからは、仏法を貫く人間主義こそ「人道的競争の時代」を創りゆく普遍的な思想になりうるという手応えを感じた。いや、仏法を基調にしなければ、その時代は創り出せないと確信したのだ。

戸田は、自らの「地球民族主義」の構想を現実化する意味で、〝世界連邦政府〟のような機関に代わるものとして国連の役割に大きな期待をよせていた。

「国連は、20世紀の英知の結晶である。この希望の砦《とりで》を次の世紀へ断じて守り、育てていかなければならない」と、強調していたのだ。

今日のSGI（創価学会インタナショナル）の幅広い国連支援の原点は、まさにその戸田の思いにつながる。

師の遺志を継いだ池田SGI会長は、国連を真に世界平和への「希望の砦」にするために、国連中心主義の旗を高く掲げている。それは、「人類の議会」

としての「民衆が支える国連」を目指し、国連支援の基礎には、「国家の声」以上に「民衆の声」を置くべきであるとの決意からだ。

そうしたSGIに対し、1987（昭和62）年には、国連から「ピース・メッセンジャー（平和の使徒）」の称号が贈られた。

これまでも、1000万人を超える核廃絶への署名や各地での「核の脅威展」の開催、戦争や災害で被災した人びとへの人道的な支援など、SGIは地道な平和運動を続けてきた。

さらに戸田の平和への遺志を継ぎ、1996（平成8）年に設立された戸田記念国際平和研究所では、「地球市民のための文明間対話」を掲げ、民族、宗教を超えた対話を推進してきた。2000（平成12）年2月には、戸田の生誕100周年を記念し「戸田記念平和賞」を創設し、第1号の受賞者に、「パグウォッシュ会議」の名誉会長ジョセフ・ロートブラット博士を選んだ。

その授賞式も兼ね、開催された沖縄での会議では10カ国から「8つの異なる文明」を代表する人びとが集い、「大量破壊兵器の全廃」「文明間の対話」、そして「世界市民の育成」が話し合われ、「沖縄宣言」が採択された。

真の平和こそが、全世界の民衆の生活を成り立たせ、人びとの人権を守るための最大の条件にほかならない。

平和は、与えられるものではなく、民衆自らが勝ち取り、創り出さなければならないものなのだ。SGIの広範な運動は、一人ひとりの心に平和を築く強い〝意志の炎〟を灯しゆく決意に貫かれている。その先頭に立ち、SGI会長は世界の学術機関での講演や数々の平和提言、各国各界リーダーとの対話など、民衆の幸福と平和の実現へ、率先して未来を開く行動を重ねているのだ。

Josei Toda Column 3

エピローグ

人類の繁栄と恒久平和をめざし、
仏法を根幹に民衆救済を叫び続けた戸田城聖。
法華経を身読して得た、
仏とは生命それ自体だ！　という獄中の悟達は、
仏法を現代に鮮やかによみがえらせ、
世界宗教としての普遍性を鮮明にした。
彼のまなざしは、常に一人ひとりの庶民に注がれていた。
〝一個の人間の幸福なくして社会の繁栄はない〟
その燃えるような偉大な革命家の魂の軌跡は、
いま、世界192カ国・地域の民衆が共有する
はるかな大河の流れとなった。

戸田城聖とその時代年譜

一九〇〇	明治33年2月11日	石川県江沼郡塩屋村（現・加賀市塩屋町）、父・甚七、母・すえの七男として誕生。名は甚一。	◆治安警察法公布
一九〇二	明治35年	一家で北海道厚田郡厚田村（現・石狩市）に移住。	◆日英同盟協約調印 ◆日露戦争始まる
一九〇五	明治38年	兄・外吉の同級生である梅谷松太郎（後の作家・子母沢寛）と知り合う。	◆日露講和条約
一九〇六	明治39年4月	厚田尋常小学校入学。	
一九〇八	明治41年8月	兄・外吉が肺結核のため死去。	◆移民船笠戸丸ブラジルへ出航
一九一二	明治45年4月	厚田尋常小学校高等科に入学。級長に推薦される。授業でナポレオンに関する教師の説明の間違いを指摘し、代わって講義。「ナポレオン」とあだ名される。	◆タイタニック号沈没
一九一四	大正3年3月	厚田尋常小学校高等科を首席で卒業。家計を助けるため進学を断念。	◆第1次世界大戦勃発
一九一五	大正4年7月	雑貨品を商う関西商人の問屋・小六商店合資会社（札幌）に5年間の年季奉公として入社。奉公生活のなかでも学問を続ける努力は忘れず17年6月尋常科准訓導の検定に合格。准教員の資格を得る。	◆東京株式市場暴騰（大戦景気） ◆ロシア革命 ◆米価大暴騰。各地で米騒動
一九一八	大正7年6月	姉・ツネ夫妻の住む夕張炭鉱へ。販売所事務員の勤務の直後、真谷地尋常小学校に代用教員で採用。	◆第1次世界大戦終わる
	12月24日	尋常小学校本科正訓導試験に合格。	◆パリ講和会議
一九一九	大正8年2月13日	真谷地尋常小学校の訓導となる。4月12日筆頭訓導となる。	◆ソウルなどで抗日運動（3・1独立運動）起こる ◆中国で五・四運動始まる
	8月	物理・化学・代数・幾何の高等小学校本科正教員の資格試験に合格。	◆スペイン風邪世界的流行。国内死者三十九万人

一九二〇▼大正9年1月　牧口常三郎と出会う。
3月　上京し、真谷地小学校を退職。
4月　牧口のはからいで西町尋常小学校の3カ月間、臨時代用教員に採用。
政友会代議士の牧口校長追い出し運動に対し他の教員とともに反対。
牧口の転任後、三笠尋常小学校に勤める(22年3月末退職)。
この頃、開成中学夜間部に通う。後に旧制高等学校入学資格試験に合格(22年2月23日)、中央大学予科に入学する(25年4月)。
◆国際連盟発足
◆東京で数万人のデモ行進。普通選挙の実施と治安警察の廃止求める
◆日本最初のメーデー上野公園で開催

一九二二▼大正11年11月19日　牧口とアインシュタインの講演会(慶応義塾大学中央大講堂)に参加。
◆魯迅、『阿Q正伝』を完成

一九二三▼大正12年9月23日　浦田ツタと結婚。父・甚七死去。

目黒の幼稚園の一室で小学生対象の補習塾を開く(24年には目黒に時習学館を開設)。
◆関東大震災
◆治安維持法公布
◆東京・大阪・名古屋の三放送局が合同して日本放送協会(NHK)を設立
一九二六▼大正15年　妻・ツタ、肺結核のため死去。24年には長女を肺結核で失っており、戸田自身も結核に感染と医師より告知される。
一九二八▼昭和3年3月　28歳で中央大学予科卒業。4月から本科経済学部に入学(31年卒業)。
牧口に続き、日蓮仏法に帰依。
◆パリ不戦条約調印
◆ラジオ体操放送開始

一九二九▼昭和4年　この頃、時習学館、中等学校進学希望の小学生を対象に模擬試験を始める。時習学館に出版社・城文堂を設立。
◆ニューヨーク株式市場が大暴落。世界恐慌の始まり

一九三〇▼昭和5年2月　牧口の教育学説を「創価教育学」と名付ける。

6月25日　城文堂から『推理式指導算術』を発刊。後に百数十版を重ね、百万部を超えるベストセラーとなる（『推理式読方指導』『読方受験指導』などの学習参考書の出版が続く）。

11月18日　発行兼印刷者として『創価教育学体系』第1巻を発刊（以後、2巻31年3月5日、3巻32年7月15日、4巻34年6月20日と刊行される）。創価教育学会を牧口と創立し、時習学館が拠点となる。

◆ガンジー塩の行進（非暴力的抵抗運動開始）
◆世界恐慌日本に波及（昭和恐慌）

一九三二▼昭和7年　教育雑誌『新教材集録』（牧口監修）を創刊。白金尋常小学校での新教材による教員の指導法を普及させようと最初の1年間は誌代の入金を予定せずに各小学校に郵送した。

◆満州事変始まる
◆満州国建国宣言

一九三四▼昭和9年　この頃、時習学館の夏の恒例行事であった臨海学校を一般の小学生も募集して開催するようになる。子どもたちより「海坊主」とあだ名される。日本小学館株式会社を設立。

◆陸軍省が戦争準備のためのパンフレット「国防の本義と其強化の提唱」を配布
◆トインビー『歴史の研究』第1巻を公刊
◆東北地方冷害、西日本干害、関西風水害で大凶作

一九三五▼昭和10年2月11日　松尾幾と再婚。翌年11月には長男・喬久が誕生。この頃、神田淡路町に印刷工場を入手、日本小学館印刷部として姉・ツネ夫妻に経営させる。また教育雑誌『新教材集録』を『新教』に改題。創価教育学会の機関誌とする。

一九三六▼昭和11年7月15日　『新教』を改題し『教育改造』に。

◆2・26事件

8月13日　第1回創価教育学会修養会。10月には研究生制度が発足。元外交官・秋月左都夫、貴族院議員・古島一雄が顧問となる。
◆チャップリン『モダン・タイムス』
◆内務省、メーデーを禁止

一九三七▼昭和12年
1月27日　創価教育学会の懇親会(品川・玄海)。
9月5日　発行兼印刷者として『創価教育法の科学的超宗教的実験証明』(牧口著)を発行。
◆日中戦争始まる

一九三九▼昭和14年
12月23日　創価教育学会第1回総会(麻布・菊水)に出席。参加者は約60人。
◆第2次世界大戦始まる

一九四〇▼昭和15年
1月1日　『小学生日本』を創刊(41年4月より『小国民日本』)。
7月　日本商手株式会社(神田錦町)を設立。事業の拡大期。また創価教育学会の本部を同社事務所に移すと同時に事業家の集まりである「生活革新同盟倶楽部」を発足させる。
10月20日　創価教育学会第2回総会(九段・軍人会館)。本部・支部・地方支部が設置され、牧口が会長に、戸田が理事長に就任。
この年、大衆小説の出版を行う大道書房を設立。
◆日独伊三国同盟調印
◆大政翼賛会発足
◆杉原千畝、6000人の命のビザ

一九四一▼昭和16年
7月20日　機関紙『価値創造』創刊(翌年5月、当局により第9号で廃刊)。
11月2日　創価教育学会第3回総会で「弟子の道」と題して講演。
◆国民学校令公布
◆国家総動員法改正公布
◆改正治安維持法公布
◆アメリカ、対日石油輸出を全面禁止
◆太平洋戦争勃発

一九四三▼昭和18年
5月　国家権力の介入から創価教育学会を守る目的で幹部12人で「富士倶楽部」を結成。
6月27日　神札問題。牧口とともに大石寺へ登山。宗門に対し牧口は「神札は絶対に
◆日本軍ガダルカナル島より撤退を開始

受けません」と断言。

6月28日　牧口は、再び法主・日恭に会い、国家諫暁に立ち上がるよう直諫。

7月6日　目黒の自宅で特高刑事に治安維持法違反・不敬罪容疑で逮捕。高輪署に留置される。同日牧口も伊豆・下田にて逮捕される。創価教育学会の逮捕者は東京14人、神奈川4人、福岡3人の計21人にのぼった。

9月　牧口との最後の出会い。警視庁内で東京拘置所に向かう牧口と会い「先生……お体を大切に」と声をかける。

11月　教師陣の学徒出陣などによって時習学館が事実上閉鎖に（45年5月・空襲により建物も消失）。

◆上野動物園の猛獣が殺処分される
◆神宮外苑で出陣学徒壮行会

一九四四▼昭和19年

1月1日　獄中で1日1万遍の唱題と漢文の法華経を読み始める。

3月31日　獄中の悟達。無量義経三十四の否定を思索の末、仏の実体が「生命」であることを覚知する。

11月　空襲により日本商手と創価教育学会の本部（神田錦町）が消失。

11月18日　牧口初代会長が獄中闘争の末、老衰と栄養失調のため東京拘置所（巣鴨）の病監で逝去。享年73。

◆マリアナ沖海戦（空母・航空機の大半を失う）
◆アンネ・フランク一家、ゲシュタポに逮捕される
◆学童疎開始まる
◆沖縄からの学童疎開船・対馬丸、魚雷攻撃により沈没
◆レイテ島海戦、連合艦隊事実上消滅

一九四五▼昭和20年

1月8日　予審判事より牧口の死を知らされる。

7月3日　豊多摩刑務所を未決囚として保釈、出獄。城聖と名を改める。

8月20日　「日本正学館」仮事務所を設置（品川・上大崎）。23日の朝日新聞に通信

◆ヤルタ会談
◆東京大空襲
◆沖縄守備隊全滅
◆広島、長崎に原爆投下
◆日本、無条件降伏

教授の広告を出す。25日には英語講座の広告も。9月末には西神田に3階建ての社屋を購入。

◆『日米会話手帳』360万部のベストセラーに

11月18日　牧口の一周忌法要(中野・歓喜寮)で広宣流布への決意を述べる。

一九四六▼昭和21年

1月1日　大石寺に登山。第1期法華経講義を始める。対象は経済人グループメンバー。

3月　「創価教育学会」を「創価学会」と改称。日本正学館に「創価学会本部」の看板を掲げる。学会再建も本格的に始まる。第2期法華経講義(4月12日〜)。第1回役員会・幹部会(5月1日)。戦後初の座談会(5月5日)。『価値創造』を復刊(6月1日)。青年部結成式(6月22日)。再建後、第1回の夏季講習会(8月7〜11日)。戦後初の地方折伏(栃木・群馬、9月21〜23日)。

11月17日　牧口の三回忌法要(神田一ツ橋・教育会館)で「あなたの慈悲の広大無辺は、私を牢獄まで連れていってくださいました」と追悼《ついとう》の辞を述べる。引き続き、創価学会第1回本部総会。

◆天皇、人間宣言
◆第1次農地改革
◆チャーチル、鉄のカーテン演説
◆東京裁判開廷
◆皇居前で「米よこせ」の大規模デモ
◆アメリカ、ビキニ環礁で核実験を開始。フランスで登場した水着にも「ビキニ」の名がついた

一九四七▼昭和22年

8月14日　座談会(蒲田)の席上、池田大作と出会う(24日池田入会)。

◆日本国憲法施行

一九四八▼昭和23年

1月　少年雑誌『冒険少年』を創刊(49年5月から池田が編集長となる。同年8月『少年日本』に改題。同年10月25日　休刊決定)。

11月　娯楽雑誌『ルビー』を創刊(49年9月　休刊)。

◆第1次中東戦争勃発
◆ベルリン封鎖始まる

一九四九▼昭和24年

7月10日　教学理論誌『大白蓮華』を創刊。巻頭言「宗教革命」、巻頭論文「生命論」を寄稿。

この年秋、東京建設信用組合の専務理事に就任。

11月27日　第1回総合座談会（品川・妙光寺）。以後、約2カ月に一度開かれ、自ら折伏の手本を示した。

◆国鉄にからむ下山事件、三鷹事件、松川事件が相次ぐ
◆今井正『青い山脈』がヒット
◆ソ連、原爆保有を発表
◆中華人民共和国が誕生

一九五〇▼昭和25年

4月　この春より、東京建設信用組合の経営が苦境に陥る。

8月24日　信用組合の営業停止の波紋が学会に及ばぬよう、創価学会理事長の辞任を表明（11月12日の第5回本部総会で正式辞任）。

10月　大蔵商事株式会社を設立。事業の再興を図る。

11月　池田に対し日曜日、早朝を利用して個人教授を始める。創価大学設立の構想も語られた（16日）。

◆ストックホルム・アピールから反核署名運動が隆盛
◆朝鮮戦争勃発

一九五一▼昭和26年

1月6日　自宅に池田を呼び、公私にわたる一切の後継を託す。

東京建設信用組合の清算事業がこの冬に最悪の事態を迎える（3月11日、正式に解散）。

4月20日　機関紙『聖教新聞』創刊。月3回発行の旬刊、発行部数は5000部。一面トップ記事、論説、寸鉄を執筆。小説『人間革命』の連載も始まる（54年8月1日連載終了）。

4月　戸田を第二代会長に推戴《すいたい》する署名運動が起こる。

◆マッカーサー年頭の辞で日本の再軍備を示唆
◆日本のユネスコ、WHO、ILOへの加盟相次いで承認。国際社会への復帰が進む
◆サンフランシスコ平和条約・日米安保条約調印

5月3日　会長就任式。生存中に75万世帯の折伏を達成したいと宣言し、できなければ葬儀は行わず、遺骸《いがい》は品川沖へ捨てよ、と決意表明（20日大石寺へ登山。「大法《たいほう》弘《ぐ》通《つう》慈折《じしゃく》広宣流布大願成就」の学会常住御本尊の下付をうける）。

5月10日　『大白蓮華』第14号に論文「朝鮮動乱と広宣流布」を寄稿。

6月10日　第1回本部婦人部委員会に出席。実質的な婦人部の結成となる（7月3日財務部、11日男子青年部、19日女子青年部。各部の結成式が続く）。

7月10日　『大白蓮華』第16号から、2回にわたり論文「創価学会の歴史と確信」を寄稿。

9月1日　講義部を教学部に改称。教学の学習課程を一新し、受講者を1～5級に分ける。

9月28日　後に「青年訓」として青年部の伝統精神となる「班長に告ぐ」を指針として示す。「新しき世紀を創るものは、青年の熱と力である」

◆ヴェネチア国際映画祭で黒澤明『羅生門』がグランプリに

11月18日　『折伏教典』（戸田監修　教学部編　創価学会）を発刊。

一九五二▼昭和27年

4月27日　宗旨建立七百年祭（大石寺・4000人）。戦前、「神本仏迹論」を唱えた小笠原慈聞を青年部が追及、牧口の墓前で謝罪状を書かせる（狸祭り事件）。

◆NHKラジオドラマ「君の名は」放送開始

4月28日　『新編日蓮大聖人御書全集』を創価学会より発刊。計画の発表は前年

7月の臨時総会で行われた。

8月27日　宗教法人設立の認承を受け「創価学会」として登記。　◆2000年前の蓮・大賀ハスが開花

9月8日　宗教法人「創価学会」が発足。

10月4日　大石寺へ定例の登山会が始まる。農地解放で疲弊していた宗門の経済的基盤を確立することで、計画が進んでいた観光地化による謗法から守るものでもあった。　◆破壊活動防止法成立

10月21日　女子部「華陽会」の初会合に出席。本格的な人材育成を始める（12月16日男子部「水滸会」初会合）。　◆アメリカ、水爆実験に成功

12月20日　『日蓮大聖人御書十大部講義　第1巻立正安国論』発刊。

12月21日　第1回教学部任用試験。

一九五三▼昭和28年

5月31日　学会建立寄進の寺院第1号である正継寺（神奈川・相模原）の落慶入仏式に出席。　◆NHK、テレビ本放送を開始

11月13日　新学会本部が完成（信濃町）。

11月18日　『価値論』（牧口著　遺弟戸田補訂　創価学会）を発刊。翌年には英訳された『価値論』が世界各国の大学、研究所に寄贈される（1月23日）。　◆朝鮮戦争、休戦協定が調印　◆ワトソンとクリック、DNAの分子構造を解明

一九五四▼昭和29年

1月1日　聖教新聞に年頭の辞「民衆帰依の広布へ」を寄稿。　◆第五福竜丸、ビキニの死の灰で被曝

3月30日　青年部に参謀室を設置（室長・池田大作、主任参謀・北条浩）。

4月29日　青年部総会（東京・中央大学講堂　4000人）、新編成の男女30部隊　◆周恩来・ネルー平和5原則を発表

に部隊旗を授与。

◆写真家キャパ、ベトナムで地雷を踏み爆死

◆自衛隊発足

5月3日　第10回本部総会。最高首脳陣の交代。

9月4日　「水滸会」第1回野外研修（奥多摩・氷川キャンプ場）。

◆毛沢東、中国国家主席に

10月1日　『大白蓮華』第42号の巻頭言に「青年よ国士たれ」を寄稿。後に「国士訓」と呼ばれる。「青年よ、一人立て！／二人は必ず立たん／三人はまた続くであろう」

◆『ゴジラ』第1作公開

11月7日　青年部主催の第1回体育大会「世紀の祭典」（世田谷・日大グラウンド）。後の文化祭の原点となる。

一九五五▼昭和30年

3月11日　身延系日蓮宗との法論・小樽問答（小樽市公会堂）。

◆インドネシア・バンドンでアジア・アフリカ会議。二十九カ国が参加

4月　統一地方選で学会推薦候補者53人が議席を獲得。

◆ラッセル＝アインシュタイン宣言

7月13日　都内201会場で初のブロック講義（17日地方にもブロック制を設置）。

◆第1回原水爆禁止世界大会

一九五六▼昭和31年

3月1日　『大白蓮華』第58号より「広宣流布と文化活動」を3回にわたって連載。「信なき言論は煙のごときものである」は連載3回目の文中に登場。

◆アメリカの公民権運動が始まる

4月8日　雨の関西2支部連合総会（大阪球場）。「大阪の会員の中から病人と貧乏人をなくしたい、との心情から大阪に足を運んでいる」と語る。

◆ハンガリーで反ソ暴動

7月8日　参議院選挙で学会推薦の候補者中3人が当選（全国区＝辻武寿・北条雋八、大阪地方区＝白木義一郎）。

◆経済白書「もはや戦後ではない」

8月1日　『大白蓮華』第63号より9回にわたり「王仏冥合論」を連載。「全世界が、

一つの社会となって、全世界の民衆が、そのまま社会の繁栄を満喫しなければならない。それが王法と仏法の冥合《みょうごう》である」

8月31日　8月度本部幹部会で組座談会の実施を打ち出し、一人を大切にする座談会の伝統精神を力説。

◆水俣病発生を確認
◆大宅壮一、一億総白痴化とテレビ批判
◆日本、国際連合加盟

一九五七▼昭和32年

1月1日　聖教新聞元旦号に「年頭の辞」を寄稿。「地球上から悲惨の二字をなくしたい」と述べる。

4月24日　大阪参議院補選で学会推薦候補が落選。

4月30日　疲労により本部幹部会を初めて欠席。

6月　炭労問題。労働組合が人権を無視して学会員の締め出しを図る。

6月30日　学生部結成大会。「半分は重役に、半分は博士に、そして一人ももれなく次代の指導者に」と激励。

7月2日　炭労問題の勝利宣言ともいうべき夕張大会の成功。

7月3日　小説『人間革命』発刊。大阪府警に出頭する池田と羽田空港で会い、「もしも、お前が死ぬようなことになったら、私も、すぐに駆けつけて、お前の上にうつぶして一緒に死ぬからな」と語りかける。

［大阪事件］6月29日大阪府警、小泉理事長を逮捕。7月3日池田室長逮捕。12日東京大会、17日池田室長釈放、大阪大会。29日会員64人が選挙違反の容疑で起訴。62年1月25日池田に無罪判決。

◆第1次岸内閣発足
◆西ドイツの物理学者18人が核実験反対のゲッティンゲン宣言を発表
◆第1回パグウォッシュ会議（科学と国際問題に関する会議）で、核兵器の脅威と科学者の責任に関する声明
◆ソ連、大陸間弾道弾（ICBM）を開発
◆東海村の原子炉に「原子の火」がともる
◆ソ連、人工衛星スプートニク打ち上げに成功
◆アメリカ、中距離弾道弾（IRBM）実験成功

9月8日　「若人の祭典」（横浜・三ツ沢競技場）の席上、遺訓として「原水爆禁止宣言」を発表。

10月31日　10月度本部幹部会（池袋・豊島公会堂）。本部幹部会への出席はこれが最後。

12月　会員世帯数、76万5０００世帯に。「永遠の三指針」発表。

一九五八▼昭和33年

2月14日　聖教新聞に手記「私の闘病八十日」を寄せる。

2月22日　寂日坊増改築落慶法要に出席。昭和29年以来の大石寺塔頭12カ坊の新築・増改築事業が完了。

3月1日　創価学会の建立寄進になる本門大講堂の落慶法要に出席。

3月16日　青年部６０００人が、大講堂前広場に集った、広宣流布の記念式典に出席。

3月22日　理事会に出席。公の会合への出席はこれが最後となる。

4月2日　日大病院（神田駿河台）にて急性心衰弱のため逝去。享年58。

4月8日　常在寺（池袋）での告別式には会員12万人が焼香。

4月20日　学会葬（青山葬儀場）。一般焼香には、会員25万人が参列。他にも岸首相、松永文相、安井都知事らの姿が見えた。この年、総世帯数は１０５万世帯を突破。

◆欧州経済共同体（ＥＥＣ）が発足

◆アメリカ初の人工衛星打ち上げに成功

◆アンドレ・マルローがフランス文化相に就任・来日

◆衆議院で原水爆禁止決議案を可決（数日後、参議院も同趣旨の決議）

本書は『PUMPKIN VISUAL BOOKS』を
一部加筆修正し、
さらに読みやすく編集致しました。

新装普及版
戸田城聖　偉大なる「師弟」の道
2015年7月3日　初版発行
2025年5月3日　5刷発行

発行者　前田直彦
発行所　株式会社 潮出版社
〒102-8110
東京都千代田区一番町6 一番町SQUARE
電話　03-3230-0641（編集）
03-3230-0741（営業）
振替口座　00150-5-61090
印刷・製本　株式会社暁印刷

ISBN978-4-267-02009-4 C0095

www.usio.co.jp